Conni geht in den Zoo

Eine Geschichte von Liane Schneider
mit Bildern von Eva Wenzel-Bürger

CARLSEN

Folgende große Conni-Bilderbücher sind bisher erschienen:

Conni kommt in den Kindergarten
Conni kommt in die Schule
Conni feiert Weihnachten
Conni bekommt eine Katze
Conni hat Geburtstag!
Conni und der Osterhase
Conni schläft im Kindergarten
Conni hilft Mama
Conni geht in den Zoo
Conni ist krank

Wir bedanken uns bei Frau Verena Kaspari (Dipl.-Biologin)
für die Hilfe bei der Entstehung dieses Buches.

3 4 5 12 11 10
© Carlsen Verlag GmbH, Hamburg 2009
Lektorat: Sandra Ladwig, Susanne Schürmann
Lithografie: Buss + Gatermann, Hamburg
Druck und Bindung: Livonia, Riga
ISBN 978-3-551-51590-2
Printed in Lettland

www.conni.de
www.carlsen.de

Heute ist es ziemlich laut in der Klasse 1b.
„Wir sind Tiger!", ruft Nick. „Nein, Pferde", sagt Julia.
Aber Conni meint, dass es die im Zoo gar nicht gibt. Und da wollen sie hin, in den Zoo. Am nächsten Donnerstag, mit ihrer ganzen Klasse. Und sie sollen in drei Gruppen durch den Zoo gehen. Deshalb überlegen sie sich jetzt einen Namen für ihre Gruppe.
Endlich entscheiden sich Jolanda, Son, Julia, Conni, Nick und Tobi für die Zebras. Zebras sind fast so etwas wie gestreifte Pferde, meint Conni. Das überzeugt auch Julia.

Alle schneiden ein Zebra aus dem Ausschneideblatt und kleben es auf eine runde Pappe. Die malen sie an und schreiben ihren Namen darauf. Conni und Julia drehen Kordeln aus roter Wolle und ziehen sie durch zwei Löcher in der Pappe. Nun kann man sie wie eine Kette umhängen.
Auf die Rückseite der Pappe klebt Frau Sommer, die Lehrerin, einen Aufkleber mit der Adresse und der Telefonnummer des Kindes. „Damit niemand bei unserem Ausflug verloren geht", sagt sie.

In den nächsten Tagen dreht sich in der Schule alles um den Zoo. Conni lernt, wie man Giraffe schreibt. Julia rechnet aus, wie viele Beine vier Zebras haben. Sie singen das Lied von den großen Elefanten im Wald. Und alle Kinder malen viele Tiere, die sie auf einem großen Bogen Papier zu einem Zoo zusammenkleben. Conni freut sich riesig und kann es gar nicht erwarten, alle Tiere „in echt" zu sehen.

Auch zu Hause spielt Conni nur noch Zoo. Für alle ihre Stofftiere und für die kleinen Plastiktiere hat sie Gehege aus Lego, Bauklötzen oder Decken gebaut. Endlich ist es so weit. Morgen ist der Ausflug in den Zoo. Gleich nach der Schule packt Conni ihren Rucksack. Sie nimmt viel mit: eine Flasche Wasser, einen Apfel, Kekse und eine Packung Taschentücher. Mama leiht ihr einen Fotoapparat, denn Conni will Fotos von den Tieren machen.

Nachts träumt Conni zuerst von einem dunklen Tiger mit leuchtenden Augen. Der guckt durchs Fenster und will sie fressen. Dann träumt sie von bunten Papageien, die sogar sprechen können. Immer wieder rufen sie: „Conni! Conni!" In Wirklichkeit ist es aber Mama, die da ruft. Conni muss heute früher aufstehen. Sie muss doch pünktlich am Bahnhof sein! Endlich ist Conni wach.

Papa bringt Conni mit dem Auto zum Bahnhof. Am Bahnsteig hopsen schon einige Kinder aufgeregt mit ihren Rucksäcken herum. Frau Sommer hängt jedem Kind die Pappe mit dem Namen um. So kann sie gleich sehen, ob alle da sind. Außer Frau Sommer fahren noch Lenas Mutter und ein Herr Weber, ein junger Lehrer, mit. Als die S-Bahn kommt, drängeln sich alle hinein. Conni erwischt einen Platz neben Julia. Son und Nick sitzen gegenüber. Son packt erst einmal sein Essen aus. Er hat noch gar nicht gefrühstückt. Die Fahrt dauert nicht lange. Schon sieht man die Häuser der großen Stadt. Die S-Bahn hält am Hauptbahnhof. Dort müssen sie umsteigen in die U-Bahn.

Im Zoo angekommen, kauft Herr Weber an der Kasse Eintrittskarten für alle. Hinter dem Eingang wartet Herr Lorenz schon auf sie. Er will ihnen den Zoo zeigen. Als Erstes gehen sie zu den Erdmännchen. Die sollen gerade gefüttert werden. Mit Mehlwürmern.
„Wer traut sich denn, da mal reinzugreifen?", fragt der Tierpfleger.
„Ihh!", ruft Jolanda. „Die bewegen sich ja noch!" Doch Conni traut sich. Es fühlt sich ganz kribbelig an. Weil sie so mutig ist, darf sie nun mit Herrn Lorenz ganz langsam in das Gehege der Erdmännchen gehen und Mehlwürmer verteilen.

Als Nächstes zeigt Herr Lorenz den Kindern die Affenküche. Hier wird das Essen für die Affen zubereitet. An einem großen Tisch schneidet eine Frau riesige Mengen von Äpfeln in Viertel. Außerdem sieht man Kisten mit Bananen, Salat und Gemüse. Herr Lorenz sagt, dass Besucher die Tiere im Zoo nicht füttern dürfen. Bei falschem Futter werden die Tiere krank.
Von der Affenküche geht es zum Affenhaus. Hier ist es sehr warm und feucht. Ein Tierpfleger wirft das Futter ins Gehege. Zuerst nimmt sich der größte Affe etwas, dann greifen auch alle anderen zu. Eine Affenmutter trägt ein kleines Affenjunges mit sich herum. Das sieht so niedlich aus! Conni macht schnell ein Foto.

Nach den Affen zeigt Herr Lorenz den Kindern eine echte Schlange. Eine Python. Sie ist nicht giftig. Jeder darf sie mal anfassen. Sie ist ganz glatt und fühlt sich warm an, gar nicht glitschig. „Pass auf, die erwürgt dich!", ruft Tobi, als Conni sie berührt. Aber Herr Lorenz achtet darauf, dass niemandem etwas passiert. Und Conni kann fühlen, dass die Schuppen am Schlangenbauch größer sind als die am Rücken.

Danach gehen sie zu den Lamas. „Die spucken!", sagt Nick fachmännisch. „Das sind Wiederkäuer", erklärt Herr Lorenz. „Zuerst fressen sie Gras oder Heu, fast ohne zu kauen. Dann legen sie sich hin, holen das Essen wieder hoch und kauen es richtig durch."
Alle Kinder gucken genau auf den Hals des Lamas ganz vorne. Und mit einem Mal sieht Conni wirklich, wie so ein Bällchen im Hals nach oben rutscht. Das sieht lustig aus.
Im Stall sieht man überall an den Wänden Flecken. Herr Lorenz erklärt, dass Lamas nur spucken, wenn sie geärgert werden. Und abends zanken sich die Tiere wohl öfter mal. „Aber Spucken ist eklig", findet Julia.

„Jetzt gehen wir nach Afrika", verkündet Herr Lorenz. Die Kinder wundern sich, aber im Zoo ist Afrika gar nicht so weit weg: Schon bald sehen sie die Giraffen. Es ist eine ganze Familie.
„Wie bei uns!", ruft Conni. „Papa, Mama, ich – und das ist Jakob", sagt sie und zeigt auf das kleinste Giraffenkind. Die großen Giraffen fressen Heu aus einem Korb, der an einer Aussichtsplattform befestigt ist.

Aufregend geht es bei den Löwen zu. Die Löwin wälzt sich auf dem Rücken hin und her. Dann dreht sie sich um und der Löwe mit der großen Mähne schiebt sich auf sie und macht ein paar schnelle Bewegungen. „Die machen Löwenbabys!", ruft Nick.
Aber da kommt schon der Tierpfleger mit dem rohen Fleisch für die Löwen. Beim Fressen sehen sie fast wie Kater Mau aus, wenn er ein Stück Wurst in den Pfoten hält und daran herumbeißt.
„Und jetzt kommen wir zur Fütterung der Menschenkinder", sagt Herr Lorenz. Ein Stück weiter stehen Tische und Bänke. Die Kinder packen ihr Essen aus und Herr Lorenz verabschiedet sich.

Nach dem Essen gehen die Kinder in drei Gruppen los. Frau Sommer bleibt bei der Zebragruppe. Und zu den Zebras geht Connis Gruppe jetzt natürlich zuerst. Frau Sommer fragt, ob sie eigentlich wissen, woran ein Zebrakind seine Mama erkennt. „Am Geruch", meint Conni. „An der Stimme", glaubt Julia. „Und an den Streifen", sagt Frau Sommer. Das kann Conni aber gar nicht glauben. Streifen haben die Zebras doch alle! Aber wenn man ganz genau hinguckt, sind die Streifen wirklich bei jedem Zebra anders.

Danach gehen sie zu den Flusspferden. Die sind ganz dick und prusten, wenn sie aus dem Wasser kommen. Als sie ihr Maul aufreißen, kann Conni die großen Zähne sehen. Durch eine Glasscheibe kann man die Flusspferde auch unter Wasser beobachten. Sie gehen auf dem Grund des Wassers richtig spazieren.

Die Elefanten wohnen in einem Gehege, das aussieht wie ein alter indischer Palast. Besonders gefällt Conni das kleine Elefantenkind. Es ist erst vor kurzem geboren worden. Ein richtiger Minifant, findet Conni. Es hat noch keinen Namen. Die Besucher dürfen sich einen ausdenken. Der beste Name wird mit einer Jahreseintrittskarte belohnt. Sofort überlegen alle Kinder: Wie könnte das Elefantenbaby heißen? Nasri? Elif? Zwerg Nase? Jeder schreibt mit Frau Sommers Hilfe einen Namen auf eine Karte und dazu den eigenen Namen und die Adresse.

Nach den Elefanten wollen die Jungs unbedingt zum Spielplatz und die Mädchen zur Streichelwiese. Während sie noch streiten, jagen sich auf einmal die Katzenbären im Gehege nebenan. Plötzlich tapst einer direkt vor ihnen über den Weg. In aller Ruhe klettert er auf den nächsten Baum und rollt sich dort zusammen. Vor Überraschung stehen alle zuerst ganz still. Doch dann ruft Tobi: „Der ist ausgerissen!" Mit einem Mal sind alle ganz aufgeregt. Das müssen sie einem Tierpfleger melden! Doch wo ist einer?

Conni und Julia laufen zu einem Kiosk in der Nähe. „Der kleine Bär ist geflüchtet!", rufen sie der Frau im Kiosk zu. Die ruft per Handy die Tierpfleger. Die Kinder zeigen ihnen, wo der kleine Bär ist. Dann schießt der Tierarzt einen Narkosepfeil in den Po des Katzenbären. Der kleine Bär schläft sofort ein und purzelt in das Fangtuch. In einer Transportkiste wird der Bär zur Krankenstation gebracht. Die Kinder bekommen alle ein Eis als Belohnung für ihre schnelle Hilfe.

Danach kann Julia endlich auf die Streichelwiese. Sie nimmt gleich ein kleines Zicklein auf den Arm und streichelt es. Conni kauft eine Tüte Ziegenfutter. Die Ziegen sind so wild darauf, dass Conni nun gar keine Ruhe mehr vor ihnen hat. Alle laufen hinter ihr her und springen an ihr hoch. Nick betrachtet die Schweine und Tobi streichelt vorsichtig den Esel.

Nach der Streichelwiese ist der Spielplatz dran. Alle werfen ihre Rucksäcke auf einen Haufen neben eine Bank und rennen los. Frau Sommer setzt sich neben Herrn Weber. Seine Gruppe ist schon auf dem Trampolin. Einige Kinder steigen auf dem Klettergerüst mit den Kletternetzen herum.
Doch bald ist es Zeit, nach Hause zu fahren. Alle nehmen ihre Rucksäcke und ziehen ihre Jacken wieder an. Son kann seinen Schuh nicht finden und Julia vermisst ihre Jacke. Aber schließlich finden sie alles wieder. Sie gehen zum Ausgang. An der Haltestelle Zoo wartet schon die U-Bahn. Und im Hauptbahnhof müssen sie wieder in die S-Bahn steigen.

Als die S-Bahn wieder in Neustadt angekommen ist, läuft Conni gleich zu Mama, Papa und Jakob. Sie hat so viel zu erzählen. Von den Affen und der Schlange und dem ausgerückten Bären und dem Elefantenkind und den Zebras … Den ganzen Rückweg steht ihr Mund nicht still.
Schließlich sagt Papa: „Ich glaube, ich fahre mit Mama auch mal in den Zoo." – „Ich komme mit und zeig euch alles!", ruft Conni. Und Jakob darf natürlich auch mit. Vielleicht gewinnt Conni ja sogar die Jahreseintrittskarte. Dann können sie ganz oft in den Zoo gehen.